MEXICANA

ADVANCED PRAISE

Bold, bilingual, and unapologetically rooted in la Raza—MeXicana: poemas y más poemas is a poetic uprising.

Diosa Xochiquetzalcóatl delivers a fierce and tender collection that shatters borders—linguistic, political, and personal. With fire and flor, she writes of womanhood, resistance, cultural memory, and the sacred power of the Xicana spirit.

These poems don't just speak—they howl, laugh, grieve, and sing across generations. A must-read for anyone ready to decolonize the page and honor the legacy of ancestral truth-telling.

Thank you - Gracias - Tlazokamate, -EM
—Dr. Enrique G. Murillo, Jr., Professor and Director, Latino Education & Advocacy Days (LEAD)
California State University, San Bernardino

En el paraíso de las Diosas, MeXicana se escribe con X de Xicana; con X de xingona y de la sabiduría indígena ancestral; con X de Diosa Xochiquetzalcóatl, quien con su poesía confronta a las violencias capitalistas, patriarcales y del Estado-nación. Diosa Xochiquetzalcóatl es una poeta indomable, multilingüe y multidimensional, que hace de cada verso el amalgama para la reconfiguración de una memoria comunitaria que tiene su espejo en los árboles de secuoya, los muros de adobe, los templos prehispánicos, los Gigantes de Tula, el Templo Mayor, las chinampas. Poemas y más poemas...palabras, potencia y poder desbordan el mexicandream/sueñoenmexicano en sus narrativas

que representan a una mujer atravesada por la religiosidad de la experiencia fronteriza, migrante, mojada, chilanga y chicana. Acercarse al imaginario de la Diosa Xochiquetzalcóatl a través de este libro es un acto de alteridad rítmica en donde sus setenta y cuatro poemas son escritos con X de Xicana, con X de browning la palabra.
—Alfonso Vázquez Pérez, Historiador/Antropólogo, Colectivx @ chicanx_sin_fronteras, Coyoacán, Ciudad de México-Tenochtitlan

¡Bravísimo, meXicana hermanísima! I am filled with gratitude toward the goddesses... they have seen fit to let me live long enough to see and read, nay, experience this, tu séptimo libro, una colección repleta de poesía no solamente xingona, pero: pesada y playful; arresting e intrigante; ingeniosa and maravillosa a la vez.
—Abel Marko Salas, Publisher/Editor of Brooklyn and Boyle

Un libro ke kema kon flor y canto, shining light on what nuestras mujeres experience and fight against as mexicanas, xicanas, chingonas. Diosa X tells us, the readers, what it sadly WAS, what it colonially IS, and what IT should really be: not only to know thyself, but to LOVE thy(her)self... or perish as una mujer in the ashes of patriarchy o machismo, which are both the same, pinche, shit.
—elindiocopyright1985, Artist

¡Increíble trabajo!

Pareciera que el libro estaba destinado para este momento.

MeXicana: poemas y más poemas es una entrega más de la prolífica escritora Diosa Xochiquetzalcóatl, debatiendo internamente su identidad como Mexicana y Chicana. Amando dos culturas, dos idiomas, dos países con todos sus traumas y días felices. Una feminista sin pelos en la lengua que te lleva de la alegría al enojo y de la tristeza a la esperanza; aquí los poemas que necesitas recitar que te llevan de inmediato a nuestra realidad. Ella se muestra vulnerable pero no débil; te dice lo que le gusta y lo que detesta. MeXicana: poemas y más poemas, bilingüe en su máximo esplendor, te llevará al lugar que no sabías que querías encontrar.
—Paola Gutiérrez, autora del poemario, *La niña de mis ojos,* y dos libros juveniles, *Yo Lloro/I Cry* and *No me gusta el brócoli/I Don't Like Broccoli*

I have never felt more seen! MeXicana: poemas y más poemas truly captures our lived experiences as we exist in a world that we create on our own terms. May it be filled with all the love!
—Magda Villalobos, Mathematics Educator of 15 years, M.S. in Transformative Teaching

meXicana

poemas y más poemas

by Diosa Xochiquetzalcóatl

RIOT OF ROSES
PUBLISHING HOUSE
SEJATNGA
UNCEDED TONGVA TERRITORY
SOUTH WHITTIER, CALIFORNIA

MeXicana: *poemas y más poemas*

Paperback ISBN: 978-1-961717-40-4
Hardback ISBN: 978-1-961717-41-1
eBook ISBN: 978-1-961717-42-8

Edited by Dr. Lauren Frances Guerra
Cover design by: Jorge Pineda & Paola Gutiérrez
Interior book design by: waseem@arrowupz.com

First Edition, 2025

To request permissions, you may contact the
publisher at riotofrosesllc@gmail.com

For bookings or interviews, contact the
author at: temachtianicitlali@gmail.com

Any references to historical events, real people, or real
places are used fictitiously. Names, characters, places, and
situations are products of the author's imagination; in
other words, *le puedo echar más salsa a mis tacos porque al fin y al
cabo son mis tacos.*

Published by Riot of Roses Publishing, 2025.

DEDICACIÓN / DEDICATION

*Este poemario se lo dedico a toda mi Raza de ambos lados de esa estúpida frontera, a quienes que no somos **NI** de aquí **NI** de allá, pero que a la misma vez **SÍ** somos de aquí **Y** de allá, y ni nada ni nadie nos va a dictar quienes somos.*

This poetry collection is dedicated to all of my Raza on both sides of that stupid border, to those of us who are from NEITHER here NOR there, but are simultaneously from HERE and THERE, and not a single person, nothing can dictate who we are.

eni**G**ma

Para toda mi Raza migrante:

{poema inspirado por la pintura "Inmigrantes"
de Magdalena Martínez Mateos}

Sombras nada más.

Ambulando
lejos
de
sus
hogares

Sombras nada más.

Raíces
desterradas
regadas
por
el
mundo

Sombras nada más.

En
busca
de
mejores
vidas

Sombras nada más.

Penumbras
que
van
penando
siempre
añorando
el regreso
a la luz

Me, Xicana
mexicana
¿Dónde se pinta la raya?
Solo sé que yo no sé.
Que soy toda.
Que soy nada.

-Diosa X

Table of Contents

THERE WAS ONCE A TIME...

¡AY GÜEY!

CORAZONADAS

PANZA LLENA CORAZÓN CONTENTO

¡NO MAMES!

REST IN POWER

WHAT'S IN A NAME?

DEUCES

THERE **ONCE** WAS A TIME...

They **Tried** to Break Us

But we are the mighty Redwoods
rooted in Mother Earth.

We are every adobe wall
which may have cracked,
which may have crumbled,
yet never falls.

We are the *pirámides*,
considered *ruinas*,
undeniably *presente*.

Somos Gigantes de Tula,
de roca inquebrantable.

El Templo Mayor.
Corazón de Tenochtitlan.

Y así se encuentre ese corazón
bajo cientos de cobertores San Marcos,
nunca ha dejado de palpitar.

Quisieron enterrarnos
para siempre olvidarnos
más olvidando,

que no se puede enterrar
aquello que fue destinado,
cómo el águila y la serpiente
ligeramente posados
sobre aquel profetizado nopal.

Somos las chinampas,
las que fueron destinadas,
para siempre, sobre el agua,
permanentemente flotar.

Quisieron enterrarnos
para siempre olvidarnos,
pero el legado mexicano,
jamás lo han podido quebrar.

Keep **Swimming**

He baited his hook with a succulent silver worm, the kind of worm any fish would be willing to die for. And they do! He lances the hook in the middle of the pond, landing in the midst of a school, a school that's taught the finned ones nothing. There they bob like sitting ducks, easy prey for an experienced midnight fisherman. He catches. And releases. He catches. And releases. Sometimes, the scaled sisters never make it back to the pond.

The mermaid watches as the school repeatedly fails the same lesson like a broken record, never graduating from this school of thought. She recalls when she used to swim among her sisters in that very same school. But after having been caught in that repetitive cycle of catch and release, *ad nauseam*, she dropped out. Although she still swims in the same pond and runs into the school now and then, she maintains her distance. She will not fall for that ridiculous bait, not anymore.

UltiMátum

> Tú que me pegas, y yo que te mato.
> - Margarita Ríos Hernández

El cuchillo helado
Contrarrestaba
El ardor de sus palabras

Una mano quedó
Suspendida
A medio retroceder

Una mujer
Ríos habría de ser
Con la falda bien puesta

Jamás permitió
Que le pusieran
Ni un dedo encima

Y así vivió
Hasta sus últimos días
Sin golpe y sin marido.

En el amor,
la mujer siempre pierde

-la noción del tiempo
-el temor de ser muy complicada de amar
-esa pesadilla de quedarse sola a vestir santos
-esos principios amenazantemente adoctrinados
-todas sus prendas íntimas mano a mano con sus complejos.

Y en el momento preciso
cuando su amado se da cuenta
de que ella ha perdido la cabeza
y el sentir de la tierra firmemente bajo sus pies,
sin darse cuenta,
aún tiene más que perder

-sus amistades
-sus familiares
-su autoestima
-su dignidad
-su voz
-aquella memoria de mujer chingona,
(de quien él mismo confiesa haberse enamorado)
-aquellas fuerzas de luchar contra ese patrón patriarcal.

Hasta que llega el día de perderlo a él.
Y esa amenaza, ese hecho,
la despierta de su iluso sueño,
un sueño creado,
falsificado por esa dictadura del patriarcado.

Y poco a poco va recuperando
todo aquello que había perdido
hasta llegar a la cima del nuevo mundo,
y entre sus manos sangrientas, una brújula de oro.

The Day She **Shaved** Her Head

Could it be that she has cancer?
Perchance her curls went dead?
For all one knows, seeks an answer?
Discovering her balding head?
Is this in solidarity?
Conceivably fighting a cause?
Clearing paths for prosperity?
Putting life and feelings on pause?
Perhaps her immune system fails?
Just unhappy with her hair?
She's existentially alone?
Or maybe it is just a dare?
Why is it that you even care?
FYI, it's HER fucking hair!

And the Queen does as she so pleases,
cruising the streets and shooting the breezes,
not giving a single damn, for there is no one she appeases.

Uh, uh, uh, uh! Don't you even dare!
Let me remind you: It is HER fucking hair!

Tú, que **tienes** dinero

Tú, la responsable.
La que cruza la frontera, ganándole al gallo,
siendo búho de medianoche.
La que aconseja a niños de día
y enseña a adultos de noche.
Sin hacer ningún reproche.
Y todavía llegas a su cama haciendo un derroche.
Viviendo menos en casa y miles de horas en coche.

Tú, madre soltera.
Porque así lo quiso el destino.
Viviendo entre cantinas y botellas de vino.
Varios hombres en un solo camino.
A nadie le importa un comino
si descansas o no el día domingo.

Tú, alumna endeudada.
Trabajando de noche y de día.
Estudiando y partiéndote el lomo aunque vivas en sequía.
Luchando las 24 horas para ganarte el pan del día.
Sin ningún minuto para gozar momentos de alegría.
Sacando a la familia adelante aunque mueras de melancolía.

Tú, que tienes dinero.

Te toca la cuenta.

A pagar la renta.

Aunque tengas que poner tus posesiones en venta.

Porque a ti, nadie te toma en cuenta.

Al fin y al cabo, tú sola te sustentas.

Jódete tú, que siempre tienes dinero.

Mi **error**

Mi error fue dejarte entrar a mi mundo.
Porque yo, en el tuyo, me la pasaba muy bien.

Pues las Diosas, al igual que ángeles y querubines,
pueden bajar del cielo y vivir entre la gente.

Pero de lo contrario,
¿qué demonios va a saber un ateo del reinado de una Diosa?

My **Error** *(Alternate Version in English)*

My error was allowing you into my world.
Because in your world, I was just fine.

For Goddesses, angels, and cherubim alike
can descend from the heavens
and live amongst the people.

But on the contrary,
what would an atheist know
about a Goddess's queendom?

En una ocasión

> No te acerques a mi, hombre que haces el mundo,
> Déjame, no es preciso que me mates.
> -Rosario Castellanos

Fue mujer, maestra, madre y manipulada.
Porque la mujer no podía ser maestra
y la maestra no podía ser madre
y la madre no podía ser mujer
porque puta ha de ser.
Y así fue como fue manipulada.

Enfrentada.
Contrariada.
Agotada.

¿Saben contar?
No cuenten ella.

Cinco, tres, uno...
Se rindió.
Dejó de ser todas.

Pero en más de una ocasión,
todas hemos sido ella.

On **One** occasion
(Alternate Version in English)

> Don't come near me, man that makes the world.
>
> Leave me, there's no need to kill me.
>
> -Rosario Castellanos

She was a mother, a woman, a teacher - manipulated.
Because a woman could not be a teacher
and a teacher could not be a mother
and a mother could not be a woman
for then, she'd be a whore.
And that was how she was manipulated.

Confronted.
Combated.
Exhausted.

Do you know how to count?
Don't count on her.

Five, three, one...
She threw in the towel.
She stopped being all of these.

But on more than one occasion,
we have all been her.

To the **Daughter**
I Never Birthed

Querida hija mía
You are a seed
Que viene de la ceiba
The tree of life

Your roots
Son como vides subterráneos
Deeply anchored
En terrenos ancestrales

Despite this longing
No ha sido el momento
For you to bloom
Hija de mis entrañas

The bees are on the brink of extinction
No ha llegado la polinización
Perhaps in the next lifetime
Por fin te llegaré a conocer

To the **Daughter**
I Never Birthed II *(Alternate Version in English)*

Dearest daughter
You are a seed
That comes from the ceiba
The sacred tree of life

Your roots
Are subterranean vines
Deeply anchored
In ancestral territories

Despite this longing
The moment has not come
For you to bloom
Daughter of my womb

The bees are on the brink of extinction
Pollination has not arrived
Perhaps in the next lifetime
I will finally meet you

Llorona

"Todos te dicen la negra, llorona, negra, pero..."[1]
pero, nadie habla de ti, cuerva querida.

Nadie pregunta sobre tu penar.
Ni quien se pregunte, ¿por qué te pones a llorar?

¿Acaso te rompieron el corazón
como un vil cobarde me lo hizo a mi
y en las noches de luna llena
te lamentas de tanto sufrir?

¿Acaso te desgarra ver el sol
cuando trae otro día para vivir?
¿Por qué es que te duele tanto,
de madrugada, existir?

Ya no llores negra de mi alma,
sombra de mi débil corazón,
que tu desdicha atormenta mi calma,
robándome la llama del fogón.
Tu llanto humedece lo poco que queda,
provocando de nuevo un apagón.

[1] *La Llorona is a famous Mexican legend and folk song, author unknown.

"¡Ay de mí, llorona, llorona,
llorona llévame al río!"
Te invito a ahogar tu dolor, llorona,
en el agua juntito al mío.
Te invito a ahogar tu dolor, llorona,
en el agua juntito al mío.

¡Aaaa-aaaaa-aaaaaa-aaaaa-aaaaayyyyy!

Something **about** Etymology and Origins

Take, for example, *Calipatria:*
a portmanteau of *California* and *patria.*

In other words,
a Californian homeland.

That's the last thing I think of
when I think of *Calipatria.*

When I think of Calipat,
I think of its prison
and the people behind its walls.
I wonder if they think of home
and those they left behind.

When I think of Calipat,
I remember who he was
and the terrible things he did.
I wonder if he ever thinks of home
and those he left behind.

They say that home is where the heart is,
and I feel this must be true
because *la* Smiley becomes *la* Sad Girl
every time I think of Calipat.

But a **Mexican** Dream

While "you bring out the Mexican in me",[2]
too many try to take it away.

In your arms,
I am...
Mexicana...
Chicana...
Latina...
Indígena...
ME!

Hispanic?
NEVER!
I am no one's panic!
So why do they fear me?

They
seek to brainwash my intelligence.

I am wronged,
and accused of being wrong
all of the time!

---

[2] From Sandra Cisneros' poem, You Bring Out the Mexican In Me.

Why must I be what I am not, **out there?**
There is a scary place.

"You Chicanos are a bunch of lowlifes
and belong out on the streets!"
An imagined truth?
I think not!
These putrefying words came from his pale face.
The receivers—children.
Children turned into adults in a matter of seconds.

I don't like it, **out there!**

You are my *Popocatepetl,*
who cradles me, *Iztaccihuatl,*
in your loving arms
and takes me to the highest temple.
Hold me tight!
Release me not!
I would rather sacrifice myself in the name of my Raza
than shredded by **them,**
out there.

They, *el Cucuy y la Malinche.*
He comes to frighten.
She comes to betray.
They cannot be trusted.

"Cursed is the man that trusts in human beings."
(Jeremiah 17:8)

Dear Colonizer,
Why do you
assume that your ways are correct?
Why must I accede to your beliefs and rebut my own?

Assimilation = Cultural Genocide
Why do you want to annihilate my culture?
What have I done to deserve the death penalty?
Speak Spanish?
You cannot seize my language.
You have attempted unsuccessfully.
Have you not noticed that your cities are in my mother tongue?

Sing me, *"Amor a la Mexicana"*
so I may rest in Morpheus' arms,
think this a bad dream,
and relive my yesterdays
in the egalitarian world of tomorrow,
where I no longer live
but a Mexican dream.

¡AY GÜEY!

Roja, **COMO** mis labios

Me llaman la feminista,
la evangelista de las Diosas,
de las rebeldes, de las rabiosas,
santificadas y pecaminosas.

Me llaman la feminista,
la hippie desnuda y naturalista,
disque dictadora y communista,
de hueso colorado Fridista.

Me llaman la feminista,
a la que revisan de pies a cabeza
por cada prenda, por cada pieza,
por mis tatuajes de moño y cereza.

Me llaman la feminista,
la que conquista a los indomables
transformándolos en seres cabales
para que, con la siguiente, sean un poco más amables.

Me llaman la feminista,
espiritualista de cabrones,
Diosa de ateos mamones,
reina de corazones y dueña de cojones.

Me llaman la feminista,
así nomás de pura vista,
sin saber que yo soy libro, no revista,
rompiendo y encendiendo toda maldita lista—al rojo vivo.

La **frontera**

This pussy was built with many partitions,
layer upon layer of luscious licentiousness
where only those with passports and visas are allowed to enter.

¡Pero tú, te crees Cristóbal Colón, cabrón!
Claiming to discover what belongs to no man.

¡Pero tú, te crees Hernán Cortéz, cabrón!
Presuming to take all of the glittering gold.

Pero, the closer you get,
the more you realize that I am made of I.C.E.
¡Y aquí no pasa el porky!

No te doy permiso
de desvestirme con tu mirada, ¡no!
No te doy permiso
de navegar dentro de mis pupilas de miel, ¡no!
No te doy ni visa, ni permiso, ni pasaporte provisional
para poder pisar dentro de este, el paraíso de las Diosas.

Moj**a**da

porque cuando se aproximan los monzones
salgo corriendo al intemperie
para embriagarme con las lágrimas del cielo.

porque soy una huevona bien hecha
que siempre se levanta tarde,
corre que corre con los pelos escurriendo.

porque entre lagos y cenotes
me regreso al vientre sagrado
de mi madre, Pachamama.

porque nomás de pensar
en sus negras perversidades,
se me llena la canoa de agua.

porque soy sirena
que se pierde en las profundidades
del dominio de Poseidón.

porque con tan solo ver
una camioneta verde
me meo de susto y se me para el corazón.

porque de mis ojos han brotado cascadas,
cascadas más inundadoras que las mismas
Cataratas del Niágara.

porque disfruto tanto
de mis múltiples orgasmos,
esas que dejan albercas sobre sus blancas sábanas.

porque me encanta sentir como el sudor
expulsa las toxinas
de mi cuerpo caliente.

porque mi nombre me lo dicta, Adriana, mujer del mar,
Ríos, porque uno solo jamás será suficiente.

> *because these European languages*
> *that I read and write, listen to, and speak*
> *traveled across entire oceans*
> *to land in the "land of the free"*
> *just to grant me my freedom of speech.*

pero sigo siendo,
solo yo,
la única mojada.

AmOríos

I.

Querido fulano de tal:
(scratch that)
~~*Querido fulano de tal:*~~
You are not my beloved.

A los fulanos de tal que me cambiaron la vida:
(porque no puedo acreditar esta transformación a solo uno de ustedes.)
Each one of you formed a part of my transformation.
(scratch that)
~~Each one of you formed a part of my transformation.~~
Each one of you formed a part of my disfiguration.

To you,
the one who would look down
on lumpy-bumpy women,
yet when behind closed doors,
forgot all about my rolls,
the one who so willingly grabbed hold
of these juicy love handles.

To you
who poked and prodded my sacredness
like a dentist to a mouth full of teeth.
There are no amalgamated fillings
to cover your filthy prints.
No deep cleaning exists
to erase the trauma of your touch.

To you
and you
and you
and you!

To every single man who came and went.
A todos ustedes, cabrones del pasado.

I am the one
meant to transform and transmute
the disfigured, masculine mind
one man at a time.

Behold my hold until your end.
Ah-womb-in!

II.

Querida cuerpa que me cargo:
(Yes! Because you ARE my beloved.)

I love you for the caramel casing
that covers this human vessel.

I love how you love to blush
at the most inopportune moments
forcing the world to notice my true feelings,
making me as transparent as the wind.
Libra, I am!

I love you for your ability to transform and transmute
these timeless transgressions
turning them into *poemas, palabras, potencia y poder.*

Traici**O**neras

"Hablando de mujeres y traiciones..."[3]
me acuerdo de Lola la trailera
porque ella traicionó las normas del troquero.

"Hablando de mujeres y traiciones..."
me acuerdo de Friducha Khalo
porque ella traicionó las normas de los pintores.

"Hablando de mujeres y traiciones..."
me acuerdo de Paquita la del Barrio
porque ella traicionó las rancheras
de mujer enamorada y dejada.

"Hablando de mujeres y traiciones..."
me acuerdo de Shakira, la colombiana,
una loba que ya no llora, pero bien que se las cobra.

"Hablando de mujeres y traiciones..."
me acuerdo de la Diosa X,
la mujer de los huevos de oro,
la felina con mordida de jaguar.

[3] *"Mujeres divinas" is a Mexican song written by Martin Solano Urieta

Je n'ai pas bijou!

¡Nel pastel!
Tengo más volumen que lo que tiene el diablo de cruel.

I am a giant ogre!
A fire-breathing dragon! Joker, smoker, midnight toker.

Vulgar! Uncouth!
A rebellious wild-child-hippie who always speaks her truth.

Naughty *¡hasta las nalgas!*
Crazy up the wazoo.
This girl ain't got nothing small or elegant.
Simply said, *"Je n'ai pas de bijou!"*

ch, **ch,** ch...

Ey tú,
ch, ch, ch...

Che mujerona
Chispa mandona
Chica luchona
Chicana fuertona

Chamana fregona
Chaparra cabrona
Chiquita banana
Chiquilla enojona
Chimoltrufia jaitona
Chilindrina chillona
Charo chichona
Chiquitibun a la bin-bon-ba

Ey tú,
ch, ch, ch...

Levanta la cara
Acomoda tu corona
Porque tú, mi reina,
Eres una ch, ch, ch...
CHINGONA

coraZonadas

No **hace** falta que me lo diga

When he's in *México*, he thinks of me.
Well, he always does,
but that's when he actually lets me know.

But I know, *yo sé*,
que esos tacos de nopal
y esas quesadillas de huitlacoche
taste like me.

Y cada que suena un mariachi,
his ears begin ringing
to the sounds of my screaming
a todo pulmón con toda mi pasión.

I know, *yo sé*,
que al presenciar esas pirámides gloriosas,
he is reminded of his *Diosa*,
écstasis encarnada,
who lives in a church of her own.

Y cuando se tapa con su cobija,
be it a Mexican or a *San Marcos*,
he feels *el calor de mi ser*
acobijándolo y acariciándolo.

I know, *yo sé,*
that every time he reads a poem
en español,
se le nubla la vista
entre lágrimas de remordimiento
knowing how he will never, again,
turn a single page in my book.

No **Need** for Him to Say it
(Alternate Version in Spanish)

Cuando él se encuentra en México, piensa en mí.
Bueno, siempre me piensa,
pero cuando se encuentra dentro tierras mexicanas,
le es preciso divulgar lo mucho que me extraña.

Porque, yo sé
que esos tacos de nopales
y esas quesadillas de huitlacoche saben a mi.

Y cada que suena un mariachi,
le retumban sus oídos
al recordar el sonoro de mis gemidos
a todo pulmón, con toda mi pasión.

Porque, yo sé
que al presenciar esas pirámides gloriosas,
le llega el recuerdo de su Diosa,
éxtasis encarnada,
quien vive en una iglesia
que ella solita construyó.

Y cuando se tapa con su cobija,
ya sea zarape o San Marcos,
siente el calor de mi ser
acobijándolo y acariciándolo.

Porque, yo sé
que cada vez que lee un poema
ya sea en inglés, en español
o de los dos idiomas, una fusión,
se le nubla la vista
entre lágrimas de remordimiento,
sabiendo que nunca más
volverá a leer
ni una sola página más de mi libro.

ConsUmida

Quiéreme,
así como soy.

Enamórate
de esta pocha.
Mocha,
de estas cuerdas vocales
que me cargo.

Entre tanto hilo deshilachado,
no queda ni una sola cuerda,
ni en mi voz, ni en mi mente.

Deténme entre tus labios,
cual si fuera tu cigarrillo de mota
y esfúmeceme entre nubecillas
como las que existen
en el espejo de obsidiana,
convirtiéndome en nada.

Solo en Toluca

Oda al hombre de los ojos cristalinos
Bello encanto de tierras michoacanas
Esta Diosa quedó dulcemente hechizada
Tonta y tiesa de sus crueles hipnotizos
En el hogar de Tollotzin, completamente entoloachada.

BrOwn

Brown is the color of my eyes.
Brown is the color of my skin.
Brown is the ground I call home.
Brown is the color of my seraphim.

As coffee is sweetened with creamer,
so too, my pupils are sweetened by the sun.
As chocolate is sweetened by sugar,
so too, my lips are sweetened by his tongue.

Brown is the color of his eyes.
Brown is the color of his skin.
Brown is the ground he calls home.
Brown is the color of my sin.

Este **amor** nopalero

Somos más mexicayotl que los nopales, ¡cabrón!
Neta que tú eres mi otro yo.

In Lak'Ech.
El que me mira con los ojos al revés.

Te invito a ser el frijol de mi mollete,
la mecha de mi cohete,
el mango de mi machete.

¡Y vaya que mangazo!
Ey tú, ¡hazme caso!
Porque esto mijito, está al puro fregazo.

Tú, Popocatépetl, despertaste a esta mujer dormida,
rompiendo capas de hielo, creando una salida.

Llegaste a derretir mis nieves de enero.
Yo, la bici y tú, Jaimito el cartero.

Tú, el águila y yo, la serpiente.
¡Híjole! ¡Qué conveniente!

Ya llegó por quien llorabas, Raulito.
Aquí está Topo Gigio y quiere su quesito.
Y ni se diga del besito...

De las buenas noches, ¡por supuesto!
Y de los buenos días, también.
Que estando a tu lado, me siento al cien.

Profesor Girafales, te presento a tu Doña Florinda
a quien le traes esas flores,
porque no encontraste otras peores,
como símbolo del amor que le brindas.

Vayamos a Cabos San Lucas
a la cueva de San Andrés
donde entran dos y salen tres
y después...

mi rey de mil coronas,
llenemos Chapultepec con niños héroes de a montón.
Derrumbemos la puerta negra y cualquier coliche de pilón.

"Posada te pido, amado casero"
Pero no de tu casa, sino de tu corazón entero.

Esta negrita, ojos de papel volando,
se la pasa como la llorona, por las noches sollozando,
sin rumbo y agonizando...

Juan Dieguito, Juan Dieguito,
el más pequeño de mis hijos,
permíteme ser, de tu tilma, la rosa más bella
y deja que esta Citlali sea la más brillante de tus estrellas.

¡Dale gas, Conejo Blas!
Aquí está tu manjar de zanahorias anaranjadas,
bien gordita y suculenta.
¡Porque ya chole con las delgadas!

¡Santa cachucha!
¡Ponte trucha!
Porque ya se nos apareció el chahuistle.
Y hay que darle fierro con esta lucha.

¡Que Romeo ni que Julieta!
Aquí el Chompiras y la Chimoltrufia son la mera neta.

Tú mi Pancho Villa y yo tu soldadera
y toda esa gente, que se dejen de chingaderas.

Pos ay te acho Nacho.
A ver que día me echas un vistazo.

No'mas no andes a burro
porque te pueden ganar el mandado
y luego te me quedas como el perro,
solo, triste y desgraciado.

Pero sé que eres bien listo,
tú que no ocupas ni chelas ni pisto.
Solo di que sí, y ¡listo!

La machaca ya se hizo.
Que al cabo en este tango,
no somos primerizos.

No le busques rueda al chicharrón
porque lo nuestro está bien chingón.
De tu corazón a mi corazón.
¡A chirrin, chirrión!

PANZA **LLENA** CORAZÓN
CONTENTO

Con **pan** en la boca

Yo no nací con la torta debajo del brazo,
ni con un pastel de siete pisos.

Yo nací con pan en la boca.

Y en esta caverna
rodeada de labios,
existe un horno encendido
donde se cuecen más que habas.

Existe un horno encendido
con el fuego de mi totonalcayo sacro
donde burbujean hechizos,
donde se evaporan mal sabores,
donde se transmutan ancestrales dolores,
donde mi pan brota a flor de boca.

Pan jugosa
capirotada enmielada
endulzándole el paladar a unos,
dejando a otros con la lengua empalagada.

Empanada llena de sorpresas
quemándole el hocico al desprevenido,
o de lo contrario, deleitando al bien merecido.

Pan de vida,
alimento y aliento del ser hambriento.

Pan de muerto,
reviviendo al difunto en su debido momento.

Yo nací con pan en la boca.

Una flor encendida, color de rosas,
hostia sagrada y bendita
que rescata, libera y resucita
el olvidado dominio de las Diosas.

Te **invito** unos tacos

Me llamas pocha porque mi lengua no resbala como cascada sobre
un lago puro y cristalino. De lo contrario, mi lengua tartamudea,
cual si fuera aguas bravas que estalla sobre las rocas. Quizás me
juzgas porque jamás has enfrentado los obstáculos con los que se ha
topado esta lengua que me cargo. Sin embargo, a pesar de las
piedras, nunca he dejado fluir.

Si tanto te molesta mi lengua, te invito a que me lo arranques,
lo hagas pedacitos y te lo sirvas sobre una tortilla de maíz
y con mucha salsa picante.

¿Qué se siente?
¿Acaso puedes sentir el peso contundente que lleva mi lengua?

Dime. ¿Qué se siente?
¿Acaso puedes sentir como mi coraje arde sobre tu paladar?

Dime. ¿Qué se siente?
¿Acaso puedes sentir mi resiliencia entre tus dientes al masticar?

Dime. ¿Qué se siente?
¿Acaso puedes sentir mi resistencia, como se atraganta dentro de tu
garganta?

Dime, pues. ¿Qué se siente?

¿Qué se siente tener reflujo ácido después de haberte tragado hartos tacos de mi lengua?

Bon Appétit

Para algunos,
he sido una gordita
rellenita y llenona.

Para otros,
una empanada
dulcecita y sabrozona.

Más cuando me encabronan,
me convierto en chile de árbol.

¡Trucha, porque arde Troya!

Cuando menos piensan,
un incendio forestal les surge de esa boca,
una boca retacada de sílabas salpicadas de sacrilegio.

Esas cuerdas vocales
que cantaban victoria con cada cojida,
se derriten y se aglomeran,
convirtiéndose en fósiles fraudulentos.

Esa lengua, pura lengua,
leño ardiente donde ofrendaba, yo, mis medicinas,
un tronco que solo truncaba las semillas de sanación.

Y esos labios, pura labia,
labios que besaron cada rincón de mi cuerpo,
se convierten en antorchas, transformando en cenizas
todas esas putas palabras que salen de esa, tu boca.

Bon appétit!

Tu **pupusa** predilecta

Amasa la masa.
Pat me down, just right.
Relléname con tus sazones.
Transform me into your Honduran delight.
Apapáchame, papi pupusero.
Devour me bite by bite.
Que está gordita mexicana
will gladly become your
pupusa predilecta.

Streams **Of** Consciousness

Ven...
Come and enjoy
the pleasures of life.
Become born again.
Release the endorphins
engorged within these
voluptuous masses
of the divine feminine.

Receive ample doses
of this elixir of life.

Though the well
be long, dry,
streams of consciousness
abundantly flow
from the tips of my tits
to the tip of your tongue.

Corpus **Christy**

Tomó su pan y la partió.
Ella le dijo a su discípulo,
"Tomad y comed.
Esta es mi cuerpa".

¡Jesús!
¡María!
¡José!

El hombre sació su hambre
cual si fuera niño de hospicio
devorando hasta la última migaja.

¡Bendita sea
la cuerpa de Christy!

¡NO MAMES!

Que **viva** México

¡Viva México, cabrones!
¡Feliz día de la independencia!

¿Día de la independencia?
¿Independencia de que?

¡La independencia del dominio español!
¡Achis, achis! ¡Sí, como no!

16 de septiembre = la torre
1 más 6 = 7
septiembre = 7 meses
7 = el número de la consciencia humana

1810 suma a 1
1 = el número de nuevos comienzos

En un 16 de septiembre de 1810,
el gigante dormido despertó,
la raza de bronce concientizó.
Del abuso y las traiciones, bien que se hartó.

Celebramos la independencia del dominio español
pero nuestra hermandad indígena
sigue siendo ciudadanía de segunda clase.

Celebramos la independencia del dominio español
pero le seguimos regalando y entregado
en charola de plata, nuestros tesoros, al fuereño.

Celebramos la independencia del dominio español pero no dejamos
de menospreciar a las culturas
e idiomas de los pueblos originarios.

¿Cómo pues, es que celebramos
la independencia del dominio español?

Si a la gente blanca se le regala tanta admiración.
Si la gente morena sigue sufriendo tanta discriminación.
Si seguimos condenando a la Malinche,
siendo, ella, víctima de violación
y aún se le acredita la trágica e infame traición.

Cuando...
- Las mujeres de Juárez
- Los 43 de Ayotzinapa
- Carteles impunes
- La usurpación de EZLN en Chiapas

La independencia del dominio español,
vaya condenada maldición
la que trajo el asesino de Colón.
Que viva México, ¡está cabrón!

Yo no **quiero** Taco Bell

CA resident.
US resident.
Legal resident.

Know the damn difference.

Student visas.
Tourist visas.
Fuck your visas!

Know the damn difference.

Board policy.
Nondiscrimination.
Immigration status.

Know your damn policies.

I am not the *pinche migra*
and neither are you, *tío* Taco Bell.

Pinche **pocha**

Te burlas de mi acento,
comprobante de que el genocidio lingüístico
no pudo conmigo.

Me llamas extranjera
porque nací del otro de la frontera,
frontera que el mismo gabacho construyó,
y tú que te la crees.

Dime pues,
¿quién es más ameriqueiquis?

Beaner **Bitch**

They laugh at my accent.
Wait! I have an accent?!

The xenophobes call me a wetback,
a wetback in *Chicanalandia.*

Pardon me, Mr. and Mrs. All-American,
    Were your ancestors from Oklahoma and Tennessee? Did
your great-grandmother spill her amniotic fluid in the middle of the
barley fields of Santa Monica, California? Was your father born in
the winters of Chicago, Illinois? Then, who are you calling a beaner,
bitch?!

At a **Library** Somewhere in SoCal

I couldn't help but notice
the way he threw his car door into my parked vehicle,
not bothering to apologize,
though all four windows were down in my car
as I sat in the front seat.

I couldn't help but notice
how I sat in my front seat and watched this *wasichu*
glance at me through my side-view mirror,
then walk away like nothing had happened.

I couldn't help but notice
how the one Mexican-American poet
who took the time to name-drop
was enthusiastically invited to submit bilingual poems
though she never spoke a single word of Spanish.

I couldn't help but notice
how reading poetry in my mother tongue
still tends to surprise people,
especially people from the borderlands,
from a city that carries a name
in the same language as my poems.

I couldn't help but notice
on the long, lonely drive back home
how I was proudly wearing my *huipíl* and my *huaraches*
and how society still tends to judge a book by its cover.

Who Says?

Who says the patriarchy is male?

When my *mamá* says,
"Cuando te cases y tengas hijos…"
instead of,
"Cuando te gradúes con tu maestría…"

When my *abuela* says,
"¡Niña, cierra esas piernas!"
instead of,
"¿Por qué le ves las piernas a mi niña?"

When my *tía* says,
"Cuando te compren tu casa…"
instead of,
"¿Cuándo te compras tu casa?"

When my *prima* says,
"¿Y el novio pa' cuándo?"
instead of,
"¿Y pa' cuándo el doctorado?"

When the government says,
"We control your bodies!"
And society stays silent.

¡Ya basta!

When I was a little girl...
We had to take my dad's shoes off after a long day at work
even though my mom's day was much, much longer.

When I was a teenager...
I was pulled out of a restaurant by my ear for flirting with a waiter
while my cousins were encouraged to pursue, without avail.

When I became an adult...
My brother and I took after my grandpa's promiscuous ways.
He has always been a "player" while I am, forever, stuck at "slut".

Deshilachada

(Soy) "una muñeca vestida de azul"[4]
con quien muchos han jugado.

Me han traído
del tingo al tango,
de arriba a abajo,
de un lado para otro,
como calzón de puta.

De tanto andar de casa en casa
jugando con disque doctores
que solo me han usado,
subyugado, como experimento,
dónde me inspeccionaban
de pe a pa sin ninguna recompensa.

Entre perros rabiosos,
supuestamente domesticados,
me han babeabado con sus hocicos resbalosos,
me han mordisqueado con sus dientes filosos,
me han rasguñado con sus garras brutas,
enterrándome una y otra vez
entre terrones, hormigas y gusanos.

[4] "Tengo una muneca" is a well-known children's song in Spanish, written by
Monserrat del Amo.

"Brinca la tablita"
¡Brinco, madres! Ya la brinqué.
Brincala tú, cabrón, que yo, la neta, ya me cansé.

De un hilo apenas me mantengo.
Y a estas alturas, todavía no conozco
a ningún reparador de muñecas.

This IS Dedicated...

To the one I... heard,
became an avid reader.
The fool had never been one
to pick up a book for pleasure.
But once he found out
I became a published author,
he suddenly became my biggest fan.
Y no porque he loved my work,
which I knew he secretly did.

I heard he bought every single collection,
then proceeded to swallow them whole.
He devoured poem after poem
searching, looking, longing to discover...
He meticulously examined
every word, every page, every book.

Yet, he wasn't interested in learning
about my poetic structures.
He wasn't the least interested in learning
about the literary devices I used.

He searched, hopelessly,
for a sign, a hint, a clue, anything.
He desperately wanted to find himself
embedded within my writing.
He wanted to know who he'd become
in this storytelling adventure of mine.

Truth be told,
the poems I wrote for him,
the poems I wrote about him,
I placed in his hands
once-upon-a-time
when we used to hold hands.

And now, *este cabrón* thinks
that he is at the center of my verses,
my world, my literary universe.

Well, guess what?
This one is, in fact, dedicated to the one I...
discovered was a narcissistic, egotistical,
self-absorbed, son-of-a-gun.

¡Pinche narcisista!

Chanfle

El Chato con sus gatos.
El Cheque con sus trueques.
El Chito con sus gritos.
El Choco con sus locos.
El Chuco con sus trucos.

El Chuyito parece chicle.
El Chompis, chifle que chifle.
El Chino se la pasa chupando.
El Chemo nomás chantajeando.

A que la Chivis con su bola de chalangos.
Me canso ganso de decirle,
"¡Ya chole con tus chilangos!"

Her **Favorite** Little Word

She don't want the good guy!
She wants the one with a past.
The one people see and say, "Dang girl!"
Tatted-*hasta-el-tuétano*-son-of-gun!
She don't care too much for bangers,
But, *uy Cucuy, ¡esos pelones!*
The baggy pants and *Q-vo attitude*.
White-tank-wearing, *mota*-smoking-vato.
Yet her inner-*chola* never seems to wanna to learn
That playing with that fire always gets her burned.
But you tell her over and over, like she ain't ever heard
And all she does is snap back with her favorite little word: *"Chales!"*

REST IN POWER

Cuerpos **púrpura**

molidos
    curtidos
        escurridos

                  debajo puños ardientes
                  pisoteadas prepotentes

        color de buitres

de lo viviente
    convertido en putrefacción
        dos pulmones podridos
            abrazan a un abollado corazón

        el cuerpo púrpura
        se pierde entre la sangre

cuerpos
    destrozados
        huesos
            pulverizados

        de polvo eres y en polvo te vuelves a convertir

El **lado** obscuro de la luna

Mexicali fue mi cuna.
Tecatos mi adoración.
Con mi coqueta marijuana,
compongo esta poética creación
pa' toda mi raza salada
viviendo en la desolación.

Por sus valles tan queridos,
mil veces me fui a talonear,
no solo por mantener un vicio,
sino mis traumas poder escapar,
olvidando aquella cría conejera
que ilegalmente tuve que abortar.

Yo soy una tecolina,
víctima de más de una violación.
Soy del lado obscuro de mi cuna
norteña sin ilusión.

Les digo que soy tecolina,
la que muere por otra inyección.
Soy del lado obscuro de la luna,
perdida entre tinieblas y esta pérfida adicción.

El **águila** y la serpiente

Al águila lo defienden a capa y espada.
Y a la serpiente, ¿quién la defenderá?
Solo porque ella no tiene ni patas ni alas.
Porque no puede volar a la cima del cielo,
cae víctima a las garras del ave depredador.

Y ese ave solitario,
rodeado está de machos valientes,
quienes dispuestos están
a quitarle la vida a quien sea
con tal de conservar el patriarcado.

Los **sueños** enterrados
nunca se olvidan

Antenoche soñé con un seis y un ocho
y entre nubarrones de gases lacrimógenos,
se formaban unas letras marrones
que decían: Tlatelolco.

Ayer, en la siesta del mediodía,
volví a los brazos de Morfeo.
Soñaba con cabelleras de diferente talla y textura.
Sentí un sinfín de ojos.
Y entre remolinos de polvo y arena
se salpicaban todos los rostros
de las desaparecidas de Juárez.

Hoy, entre mis sueños vespertinos,
vi un camión lleno de seres vivientes,
donde el humo del tubo de escape
goteaba, letra por letra,
los nombres de quienes vivos se los llevaron.
Y en el empañado vidrio trasero,
con dedos sangrientos tallaron
el nombre de Ayotzinapa.

Quisiera poder decirles
    que solo eran sueños,
        pesadillas a lo peor,
            pero son las realidades
                de mi México querido.

Un México
    donde los sueños
        de las personas desaparecidas
            han quedado
                enterrados
                    entre lágrimas y dolor.

Las **desaparecidas**

Se fueron muy pronto de este planeta.
Las exiliaron a unas galaxias muy lejanas.

Mujeres sin nombre,
mujeres sin tumba,
mujeres olvidadas.

Mas sin embargo,
ellas esperan con ansia sus retornos
    - la reencarnación.
Ellas preparan sus nuevos entornos
    - sagrada vindicación.

Así sea. Así sea. Así sea.

Hoy, **llevo** el altar en mi boca

Al decirle tu nombre al viento,
de mi boca brotaron cientos de flores
de cempohualxochitl.[5]

El fuego de tu memoria
enciende la llama
de mi corazón de concreto encerado.

Dentro de cada gota de saliva
se encuentran mares enteros
que seducen a la nubes,
dejándolas impregnadas entre besos de brisas.

Y cada vez que Tlaloc llora
la memoria de nuestros antepasados,
de mi boca florece un jardín de oro
que siempre susurra tu nombre.

[5] Classical Nahuatl spelling for the Mexican Marigold

Time**O**ut

I'm too tired to celebrate the Battle of *Puebla*.[6]
I'm too tired to mourn the Murdered and Missing.[7]

For the past several years,
life has been a rollercoaster of
celebrations and mournings,
mournings and celebrations,
celebratory mornings
brimming with mourning celebrants.

This May 5th is no exception.

Can't I take today
an oxymoron kind of day,
to, in my bed, just lay,
take deep breaths and pray,
for one minute,
simply be
neutral?

[6] Cinco de Mayo
[7] Murdered and Missing Indigenous Women

WHAT'S **IN** A NAME?

La**b**els

culturally fluid
como llegua entre manada
Latina, Latinx
Xicana o Hispana
Mexican-American
Americanized *mexicana*
you decide your label
yesterday, today
forever y *mañana.*

XOXO,
your maestra
Ms. B.-R.
(Adriana la Xicana)

What's **in** a Name?

Don't let people fool you
into believing you live in a box!
You do not! You do not! Trust me. You do not!

When you fill out an offcial form,
you check a little box.
But that does not define you. It does not! It does not!

Today, you might feel Mexican. Tomorrow, Latinx.
Who says you have to stay in the box
that once-upon-a-time, you checked?

Maybe yesterday, you were Chicanx.
Maybe Hispanic was the word of the day.
Maybe you are none of these.
Who's to say? Who's to say?

If no one else has ever told you,
I grant you permission today.
Only you have the power to label yourself
regardless of the time of day.

Speak your truth! Speak it loudly!
I want to hear what YOU have to say!

María **Contreras**

link
  after
    link
      drink
        after
          drink
I sit in my living room to ponder and rethink

        About the burdens I do carry
        The evil-doings of my adversary

        To think that people think
        They could bind us with a metal link

Of thy consequence be wary
Repercussions can be scary

In every chain, there is a kink
Changes occur in a single wink

      Mary
      Mary

      Quite
      Contrary
    She comes to cut these chains

La **Smiley**

There's a little girl
who's walked through the valley of the shadow of death.
Tattooed between her bruised and bloodied lips,
there's a shimmering crescent moon
that glistens among the darkness.

El **tlatoani**

I.
Tizoc
el que hace penitencia
el olvidado

II.
Tizoc
la que se juntó con mi tatarabuelo
la que tuvo hijos
olvidados

III.
Tizoc
la que se creó con mi bisabuela
la que se casó con un hijo de la chingada
la golpeada, violentada, maltratada
la que se quedó sin sus hijos
la olvidada

IV.
Tizoc
el que emigró a los Estados Unidos
el que tiene hijos regados
quienes, tal como lo dicta el legado
han quedado
en el olvido

V.
Tizoc vive lejos de su lengua
lejos de su gente
lejos de su tierra

el tlatoani
sigue retoñando
con todo y penitencia

Tizoc vive
lejos de su lengua
lejos de su gente
lejos de su tierra

Ode to the **Woman** Behind It All

Dragon woman is what they called her.
Oh, how she lived up to that name!
Leaving behind her teaching days
Oh, but she never stopped educating!
Raising awareness. *Alzando su voz.*
Entregando su vida por la causa.
¡Sí se puede!

HUERTA.

Donatiuh

You bring light into this world,
a loving light that is rare to find,
an honest light that speaks its truth,
but still manages to be kind.

Tienes el don de la palabras,
de la pureza y la verdad,
de todo lo que es verídico,
de la nobleza y la amistad,
de aquello que hace, tu bella sonrisa,
con gran resplandor, brillar.

My dearest *Donatiuh,*
in you I see these gifts that effortlessly shine.
Sigue compartiendo tus dones hermosos,
for they are truly divine.

Mari, la xicana de Guate

La reconocí a primera vista.
Mujer que da todo sin pedir nada a cambio.
Activista de corazón.

Otra **vieja**

Xochitiotzin no es otra vieja.
Xochitiotzin es guerrera.
Xochitiotzin es temachtiani.
Xochitiotzin es poderosa.
Xochitiotzin es la resistencia en carne viva.
¡Tlaxcalteca tiahui!

The **Homeless** chilanga

She's a hippie-dippy chickie
a hurly-burly cowgirlie
a change-your-mind-all-of-the-time
sun/moon Libra wind-whirly.

She's the daughter of dangerous daggers
with moves like a million McJaggers
who tries and fumbles,
curses through mumbles,
yet never stalls nor staggers.

One, two, three. Tag, you're it!
Never a moment to rest a bit.
She'll climb every mountain, break every fall,
fractured legs, shattered dreams, and all.
But one thing that she'll never, ever call is "quits."

"Ch" de **chicanita** chilanguita

¿Chicanita chilanguita?!
¿Cómo que eso no va?
Pero a ella no le importa.
A ella le viene y le va.

A ella madres le vale.
Le entra duro al jale.
No anda con chicanadas.
Y verás que bien que le sale.

¿Chilanga la chicana?
Buena onda esa hermana.
No quieras confundirla
con una típica fulana.

Lista como una chispa.
Trucha con cada lucha.
Y cuando siente pedo en el aire,
se asusta, pero le gusta.

¡Ah que mi chicanita chilanguita!
Linda morena, 'che chaparrita.
Revolucionaria contemporánea.
She is, no doubt, a modern-day Adelita.

Coyol**X**auhqui

They cut off our braids.
They cut our familial ties.
They cut us from our lands, languages, traditions, *cultura.*

Somos hijas de la luna,
the daughters of *Coyolxauhqui,*
cast to the shadows,
forgetting we are light.

Rise, my sisters.
Resurjan de las tinieblas.
Gather all your broken bits
and shine like a muther-fucking disco ball.

Las plegarias

Santa María, Madre de Dios,
no pido oro, ni pido plata
pido me ahuyentes del malviviente
y toda esa gente ingrata.

Reina de todos los santos,
Morenita milagrosa,
permíteme verlo divorciado
para por fin convertirme en su esposa.

Matriarca de los mexiquenses
jamás me desampares.
Que todas mis citas de hoy en adelante
sean espectaculares.

Madre de la misericordia,
Tú que eres tan grande
no dejes que viva mi suegra conmigo
ni aunque Dios nos lo mande.

Lupita de mi corazón,
Refugio de quienes sufren,
aleja a mi hermano de mis pretendientes,
no vaya ser que se asusten.

María del santísimo rosario,
esposa de San José,
líbrame de todos los tóxicos
como el último desgraciado que se fue.

Nuestra Señora de Guadalupe,
Reina de las Américas
ayúdame a juntar unos centavitos
para hacerme la cirugía cosmética.

Virgencita del Tepeyac,
Diosa de la raza de bronce
concédeme bajar unas libritas de más
ya de perdis unas once.

Virgen de las vírgenes,
casta y clemente,
hazle entender a mi papá
que no me caso con Don Vicente.

Camino de los ángeles,
Consuelo de los migrantes,
te pido que me protejas
y que no me retachen como antes

Auxilio del pueblo cristiano,
Causa de nuestra alegría,
no me dejes caer en el vicio
de llegar a la panadería
ni recordar a ese bueno para nada
ni de noche ni de día.

Elimina de mi las tentaciones
de comer taquitos con mantequilla
y también te ruego y te suplico,
ante tu altar y de rodilla,
que nunca se me olvide que soy mujer completa
y que no vengo de ninguna costilla.

O, María, Madre mía, fuente de la verdad,
ya no permitas el patriarcado, la misoginia ni las jerarquías
haz que recuerden todititas las niñas que son unas Diosas divinas.
O, María, Madre mía, fuente de la verdad
¡Así sea! ¡Así sea! ¡Así sea!

Diosa **XXX**

X de Xochiquetzalcóatl
— divina dualidad

X de Xicana
— resistencia y hermandad

X de X...
— a que se mueren de curiosidad

DEUCES

Ni **volviendo** a nacer

Personas sabias ya lo dijeron,
así que no hay necesidad
de reinventar con nueva expresión:

Al buen entendedor, pocas palabras

&

Interpreta mi silencio

Si te lo tengo que explicar
detalle por detalle,
si no te has molestado
en observar
lo que está a plena vista,
tú, ni volviendo a nacer,
entenderás.

Avid **Birdwatcher**

I love to watch *el avestruz,*
how he loves to stick his head in the sand
and pretend like everything is grand.
Denial is his delight.

I love to watch *el pavo real,*
how he loves to make a show
of all that he is and all that he knows.
Bragging is his bliss.

I love to watch *el zanate,*
how he loves to talk the talk,
yet fails to walk the walk.
Contradiction is his catharsis.

I love to watch *el gallo,*
cómo se siente la divina garza,
pero de divino no tiene nada.
El machismo es su mantra.

Pajaritos pajareando
con sus alas, circulando,
a las dormidas, engañando,
pero con las Diosas se van topando.

And as a great observer,
I quietly watch as these fowls fly by,
asking myself this simple question:
When will the masculine ever be divine?

Indo**M**able

Eso es lo que aparentan
con sus egos tamaño tejas
y sus muestras de machismo.

Pero entre mis manos
se convierten en orugas,
orugas que me permiten
tejerlos entre mis dedos,
sin pensar que algún día,
después de tantas noches de luna,
después de tanta noche estrellada,
después de volver a conocer
lo que es la verdadera calma,
la que solo se encuentra
dentro de un vientre cálido y amoroso,
llegarán a descubrir
que aquellas alas que tanto deseaban,
alas que yo misma les otorgué,
salen sobrando.

Pero como buena Libra,
signo de aire que soy,
al momento de entregarles
ese último beso,
exhalo con todas mis fuerzas
   - la fuerza de Ehecatl.

Bound-**Aries**

It's been years. Still doing the same old shit.
You piss me off. I send you to hell.
Then, we are left to dwell
on the passion of our fire as we begin missing it.

We hook up, then it's all good.
'Till there's a new *hyna* in your 'hood.

You piss me off. I send you to hell.
Again, I'm left to dwell.
How the fuck do I quell
the fires that burn being **bound** (to an) **Aries?**

There Are **TWO** Kinds of Mexican

She is definitely the old-school kind,
the kind that thinks that the youth of today is confused
not the kind leading the way for gender neutral words like:
niñes and *niñx*.

She is definitely the old-school kind,
the kind that is always asking everyone else what they want
not the kind to ever take the initiative, make a decision, or go first.

She is definitely the old-school kind,
the kind that is consumed with brand names and celebrity idols
not the kind that concerns herself with human rights
and social justice.

She is definitely old-school Mexican,
the kind that no longer fits in my new school world.

Inverted **mexicana**

I.
All the Mexicans I know
were born in a state in *México*, not me.

I was born in *el Norte*,
in a land that's been mine
for many generations.

My grandma was an *"América city."*
That's how she said it
every time she crossed the border
porque esa Doñita
refused to learn any English.
"¿Pa' qué quiero el inglés?
si los papeles hablan,"
she would say.

When I drive into *Mexicali,*
agentes de la frontera siempre se pasan.
I have been told to pay taxes,
to relinquish my social security number,
and all sorts of stupid shit.
¡Ja! ¡Me creen su pendeja!

When I drive into Calexico,
agentes de la frontera treat me like a terrorist.
Second inspection:
the dogs, the scanners,
the mirrors, the X-ray machines.
And they unequivocally
question, question, question.

Pregunta:
¿Por qué?

II.
All the Mexicans I know
crossed the border
to live the "American dream,"
not me.

I crossed the border
to live the "Mexican dream."

I dreamt of marrying a *mexicano,*
which I did.

I dreamt of living in *México,*
which I did.

As a girl, I had always dreamt of
studying at la *UNAM, la UABC,*
o la Universidad de Guadalajara,
but I was never allowed.

I was never allowed
to do much of anything.
Maybe that is why I eloped
and ran away to *México* in the first place.

Maybe now, I don't need to elope.
Maybe now, I don't need to run away.
Maybe now, I can go to *México* and stay.

Pregunta:
¿Por qué no?

Re-**evolución**

reflejos
relinches
relámpagos
recuperación

ráfagas
restriego
restricciones
resolución

relatos
retratos
recuerdos
reconciliación

razonamiento
remordimientos
resistencia
reclusión

rezos
rebozos
retiros
religión

rana
reptil
ratita
ratón

espiral, espiral
hacia el centro nahual
ombligo del universo
y toda humanidad

Mis xicanas, **mexicanas**
a grito de guerra

¡Viva América y muera el mal gobierno!

¡Guerra eterna contra los gachupines!

¡Viva la Virgen de Guadalupe!

¡Tierra y libertad!

¡Viva México!

Chicana power!

No justice, no peace!

¡Se ve, se siente, la Raza está presente!

¡Chinga tu MAGA!

¡Toma tus tarifas!

¡A México se le respeta!

¡Y a tu madre también!

Los mexicanos nacemos donde se nos da la rechingada gana.
-Chavela Vargas

¡Y las mexicanas y las xicanas también!
-Diosa Xochiquetzalcóatl

Previously Published Material

"Enigma." First published in the United States in the RGVIPF Anthology: Boundless 2024by Folwersong Press, 2024.

"Keep Swimming." First printed in the United States in the Latino Book Review Magazine, 2024.

"Ultimátum." First published in Mexico in Espiral de abejas: Coordenadas de voces femeninas by Ediciones Voces Nuestras, 2024.

"En el amor, la mujer siempre pierde." First published online in Mexico by Coordenadas de voces femeninas, followed by a print anthology in Tandem: Por nosotras, por todas by Ediciones Voces Nuestras, 2023.

"En una ocasión / On One Occasion." First published in the United States in the San Diego Poetry Annual 24-25, Bilingue: Cantos, by the San Diego Entertainment & Arts Guild, 2025.

"To the Daughter I Never Birthed." First published in the United States in the City of Los Angeles' Department of Cultural Affairs, Latino Heritage Calendar & Cultural Guide, 2024.

"But a Mexican Dream." First published online in the United States in the Hispanic L.A. Magazine, 2021.

"Mojada." First published in Brazil in Portuguese in Poetas do Mundo: 10 Anos do Rios Poetry Slam em 100 Poemas by FLUP & Editorial Popular Venas Abiertas, 2023.

"Brown." First published in the United States in the Sandiego Poetry Annual 23-24 by the San Diego Entertainment and Arts Guild, 2024.

"Con pan en la boca." First published online in the United States in Revista Raíces, 2023.

"Pinche pocha." First published in Mexico in Viajeras, migrantes, y exiliadas by Codise Editorial, 2025.

"At a Library Somewhere in SoCal." First published in the United States in the Stafford Challenge Anthology by Wild Poet Press, 2025.

"Who Says?" First published in the United States in Cabrillo College's Journal X Literary Journal, Xinaxtl Journal, 3rd Edition, 2023.

"¡Ya basta!" First published in the United States in the Somos Xicanas Anthology by Riot of Roses Publishing, 2024.

"Her Favorite Little Word." First published in the United States in the Somos Xicanas Anthology by Riot of Roses Publishing, 2024.

"El lado obscuro de la luna." First printed in the United States in Artivismo by Editorial Raíces, 2022.

"Hoy, llevo el altar en mi boca." First published in the United States in the RGVIPF Anthology: Boundless 2023 by Flowersong Press, 2023.

"María Contreras." First published in the United States in The Los Angeles Press, V8: The Chain, 2023.

"El tlatoani." First published in the United States in the RGVIPF Anthology: Boundless 2025 by Flowersong Press, 2025.

"Ode to the Woman Behind It All." First published in the United States in Crafton Hills College's Art and Literary Magazine, the Sand Canyon Review, 2024.

"Las plegarias." First published in the United States in the RGVIPF Anthology: Boundless 2025 by Flowersong Press, 2025.

"Bound-Aries." First published in the United States in Signs of the Zodiac by Praxiniscope, 2021.

"There are Two Kinds of Mexican." First published in the United States in Crafton Hills College's Art and Literary Magazine, 2024.

Author's Biography

Diosa Xochiquetzalcóatl, or Diosa X for short, is a multilingual and multidimensional spoken word artist, workshop facilitator, and international poetiza. She is a seasoned language arts educator with a Bachelor's in English and a Master's in Cross-Cultural Teaching. Diosa X was selected Regional 2nd Runner Up in Inlandia's Hillary Gravendyk's Poetry Prize in 2023 for her poetry collection titled, When the Leaves Come Tumbling Down: An A to Z Poetry Collection About Loss. She was also selected as a finalist for Somos en escrito's Best Raza Short Story Award in 2023 for her piece titled, The Weight of the Scales.

Diosa Xochiquetzalcóatl is currently serving as a board member for Círculo de poetas and Writers, works as a Poet-Teacher with California Poets in the Schools, and is a workshop presenter for Palabras del Pueblo. She has presented at various venues in both English and Spanish. Some of these include the Rio Grande International Poetry Festival, the California Adult Education Programs Conference, the CalPoets Symposium, and the L.E.A.D. Summit, as well as at several libraries across Southern California.

Diosa X has been published in several anthologies and literary magazines in the U.S. and Mexico, and most recently in Brazil. Some of her works have appeared in The Latino Book Review, the City of Los Angeles Department of Cultural Affairs' Latino American Heritage Month and Native American Heritage Month Calendar and Cultural Guides, and The Stafford Challenge Anthology, among others. She is the author of six full-length poetry collections and one chapbook. To learn more about Diosa Xochiquetzalcóatl's work, feel free to visit her website at www.diosax.net.

More Titles from the Author

- A Church of My Own, 2021.

- Hechizera: Sus Sultry Spells, Editorial Raíces, 2022.

- West of the Santa Ana and Other Sacred Places, Riot of Roses Publishing, 2023.

- Felices Fiestas, Read and Green Books, 2023.

- Conversaciones con los difuntos / Conversations with the Dead, Editorial Desierto Mayor, 2024.

- When the Leaves Come Tumbling Down: An A to Z Poetry Collection About Loss, Hawkeye Publishing, 2024.

- Sad Girl Soliloquies, Xochicalli Publications, 2025.

About the Publisher

Riot of Roses Publishing House is a radical feminist, award-winning press that was founded in 2021 to amplify the stories of historically silenced voices and narratives.

Xicana owned. Mujerista focused. For the people.

We publish books that heal and liberate.

Read our rebellion.

Find & follow us @riotofrosespublishing
Visit us at www.riotofrosespublishinghouse.com

RIOT OF ROSES
PUBLISHING HOUSE
SEJATNGA
UNCEDED TONGVA TERRITORY
SOUTH WHITTIER, CALIFORNIA

www.ingramcontent.com/pod-product-compliance
Lightning Source LLC
Chambersburg PA
CBHW021200130626
46554CB00005B/1912